Deutsch-Stars Silbentraining: Mit Spaß lesen lernen

 Liebe Kinder,

mit diesem Silbentraining könnt ihr selbstständig das Lesen üben:
- im Unterricht, wenn ihr mit euren Aufgaben fertig seid.
- zu Hause, wenn ihr noch mehr üben wollt.

Und so wird geübt:

- Bearbeite eine Seite.
- Vergleiche deine Arbeit mit dem Lösungsheft und verbessere Fehler.
- Immer, wenn du zwei Seiten geschafft hast, darfst du einen Stern hinten in das Heft kleben.
- Wenn du alle Seiten bearbeitet und mit den Sternen das Bild geschmückt hast, bist du ein **Lese-Star**!

Der Seehund Rudi begleitet euch in diesem Heft und gibt euch an vielen Stellen Tipps.

Viel Spaß beim Lesenüben!

Hallo Kinder, schön, dass wir zusammen üben. Gemeinsam werden wir viel Freude beim Lesen haben!

Zeichenerklärung

verbinden

ankreuzen

schreiben

malen

zuordnen

durchstreichen

In der Mitte des Lösungshefts findest du zwei Legespiele.

Inhaltsverzeichnis

1 **Verbinde.**

Rudi

Oma

Mama

Papa

Opa

Nina

Timo

4

2 **Welches Wort passt? Kreuze an.**

☐ Opa
☒ Oma

☐ Mama
☐ Nina

☐ Opa
☐ Papa

☐ Limo
☐ Timo

☐ Mama
☐ Papa

☐ Mama
☐ Papa

☐ Rabe
☐ Rudi

☐ Hase
☐ Hose

③ **Welche Silbe passt? Verbinde.**

	Ma			No	
	Mi			Ni	
	Mo			Ne	

	Po			O	
	Pi			A	
	Pa			U	

	Ta			La	
	Ti			Li	
	To			Le	

	Ho			Ru	
	Ha			Re	
	He			Ra	

Verbin**de die Sil**ben **zu Wör**tern.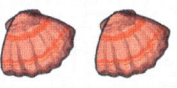

Pa
- pe
- po
- pa

Ma
- ma
- mo
- mu

O
- mo
- ma
- me

Li
- mu
- ma
- mo

Ru
- di
- do
- da

Ha
- su
- se
- sa

Ni
- ne
- ni
- na

Ra
- bi
- be
- ba

Ich mag Fisch.

 1 **Ver**bin**de.**

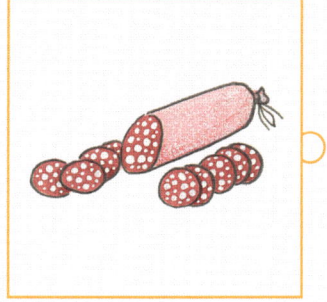

| Ei |
| Brot |
| Limo |
| Salat |
| Salami |
| Banane |
| Tomate |
| Melone |

2 **Welches Wort passt? Kreuze an.**

☐ Tomate
☐ Torte

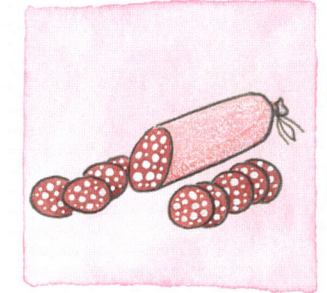
☐ Salat
☐ Salami

☐ Limo
☐ Lisa

☐ Ei
☐ Eis

☐ Banane
☐ Birne

☐ Melone
☐ Melanie

☐ Brezel
☐ Brei

☐ Boot
☐ Brot

3 Welche Silbe passt? Verbinde.

Sa	
Su	
So	

Le	
Li	
Lo	

He	
Ha	
Ho	

Go	
Ga	
Gi	

Ku	
Ke	
Ki	

No	
Ni	
Nu	

So	
Su	
Sa	

Ca	
Ce	
Co	

Verbinde die Silben zu Wörtern.

Bir — ni / ne / na

To — ma / me / mo — te

Erb — so / si / se

Ro — se / sa / si — ne

Gur — ke / ko / ku

Me — le / la / lo — ne

Kä — su / se / sa

A — ni / na / ne — nas

Seehund

1 Verbinde.

Uhu

Ente

Esel

Lama

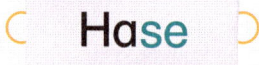
Hase

Rabe

Elefant

Krokodil

2 **Welches Wort passt? Kreuze an.**

- ☐ Ufo
- ☐ Uhu
- ☐ Ufer

- ☐ Leon
- ☐ Limo
- ☐ Lama

- ☐ Hose
- ☐ Hase
- ☐ Hefe

- ☐ Esel
- ☐ Ente
- ☐ Elfe

- ☐ Rebe
- ☐ Robe
- ☐ Rabe

- ☐ Ende
- ☐ Ente
- ☐ Emu

- ☐ Krokodil
- ☐ Krokus
- ☐ Krake

- ☐ Esel
- ☐ Eber
- ☐ Elefant

3 **Welche Silbe fehlt?**

ber
ger
mel

 Kamel Ti Bi

ken
fin
ter

 Del Hams Kü

li
pa
bel

 Pe kan Li le Pa gei

Kra

ꜿ ke

ꜿ ko

ꜿ ku

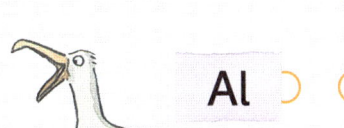

Al ꜿ ꜿ ba ꜿ tros
ꜿ be
ꜿ bi

Mö ꜿ

ꜿ wi

ꜿ we

ꜿ wo

Kän ꜿ ꜿ ga ꜿ ru
ꜿ gi
ꜿ gu

Lö ꜿ

ꜿ wo

ꜿ wi

ꜿ we

Ka ꜿ ꜿ ke ꜿ du
ꜿ ko
ꜿ ka

Pan ꜿ

ꜿ da

ꜿ di

ꜿ do

Le ꜿ ꜿ ge ꜿ an
ꜿ gu
ꜿ ga

 1 **Ver**bin**de.**

Teich

Leiter

Rose

Tulpe

Wiese

Sonne

Tanne

Ameise

Vogelnest

Gartenhaus

2 **Welches Wort passt? Kreuze an.**

- ☐ Rose
- ☐ Rasen
- ☐ Rabe

- ☐ Tante
- ☐ Tanne
- ☐ Tonne

- ☐ Sofa
- ☐ Sonne
- ☐ Sofie

- ☐ Wiege
- ☐ Wiesel
- ☐ Wiese

- ☐ Tulpe
- ☐ Tinte
- ☐ Taube

- ☐ Ampel
- ☐ Amsel
- ☐ Ameise

- ☐ Schaufel
- ☐ Schraube
- ☐ Schaukel

- ☐ Karotte
- ☐ Kartoffel
- ☐ Kamille

- ☐ Gartenhaus
- ☐ Gartenzwerg
- ☐ Gartentor

- ☐ Vogelei
- ☐ Vogelnest
- ☐ Vogelhaus

3 **Welche Silbe fehlt?**

ne	
be	
se	

 Wie

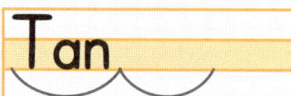 Tan

 Tau

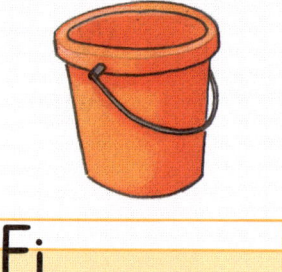

fer
mer
fel

Ei

Schau

Kä

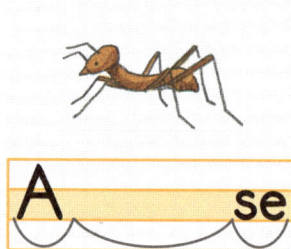

ro
gel
mei

A _____ se

Vo _____ ei

See _____ se

Rau
Blu
l

 _____ me

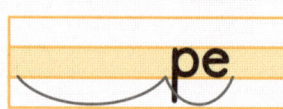 _____ gel

_____ pe

(4) Was ist auf den Bildern zu sehen? Kreuze an.

- ☐ ein Sonnenhut
- ☐ ein Eimer
- ☐ ein Baumhaus
- ☐ ein Regenwurm

- ☐ ein Brunnen
- ☐ ein Gartentor
- ☐ eine Schwalbe
- ☐ ein Spaten

(5) Male.

drei rote Tulpen

ein gelber Sonnenschirm

 (1) **Ver**bin**de.**

le**sen**

mel**den**

zei**gen**

lau**fen**

tur**nen**

hel**fen**

re**den**

weg**wer**fen

aus**mal**en

um**ar**men

② Welches Wort passt? Kreuze an.

- ☐ laufen
- ☐ kaufen
- ☐ kauen

- ☐ halten
- ☐ helfen
- ☐ heizen

- ☐ rennen
- ☐ regnen
- ☐ reden

- ☐ legen
- ☐ leben
- ☐ lesen

- ☐ ziehen
- ☐ zeigen
- ☐ zelten

- ☐ malen
- ☐ maulen
- ☐ melden

- ☐ turnen
- ☐ teilen
- ☐ tanzen

- ☐ umbinden
- ☐ umarmen
- ☐ umwerfen

- ☐ ausgehen
- ☐ auslegen
- ☐ ausmalen

- ☐ wegwerfen
- ☐ weggehen
- ☐ weglaufen

 21

✏️ ③ **Wel**che **Sil**be **fehlt?** 🛟

gen
keln
sen

es

fe

schau

wor
stei
hö

zu ⌣ ren

ant ⌣ ten

ein ⌣ gen

la
ho
war

len

ten

chen

mes
kle
ren

nen

ben

sen

4 Was tun die Kinder? Kreuze an.

☐ tanzen   ☐ melden   ☐ austeilen

☐ schreiben   ☐ lachen   ☐ ausschneiden

☐ rechnen   ☐ schwimmen   ☐ nachlaufen

5 Male.

Nina und Anton turnen.

1 **Schreibe** die **Nummern** in das **Bild**.

1 Baum

2 Bus

3 Auto

4 Ampel

5 Laterne

6 Haus

7 Polizist

8 Zebrastreifen

9 Supermarkt

10 Postamt

11 Schule

12 Lastwagen

Lösungen Deutsch-Stars 1 Silbentraining

(zum Heraustrennen die mittlere Klammer lösen)

Familie

1 Verbinde.

Rudi

Oma
Mama
Papa
Opa
Nina
Timo

2 Welches Wort passt? Kreuze an.

☐ Opa
✗ Oma

☐ Mama
✗ Nina

✗ Opa
☐ Papa

☐ Limo
✗ Timo

✗ Mama
☐ Papa

☐ Mama
✗ Papa

☐ Rabe
✗ Rudi

✗ Hase
☐ Hose

4

5

Familie

3 Welche Silbe passt? Verbinde.

Ma
Mi
Mo

No
Ni
Ne

Po
Pi
Pa

O
A
U

Ta
Ti
To

La
Li
Le

Ho
Ha
He

Ru
Re
Ra

4 Verbinde die Silben zu Wörtern.

Pa — pe / po / pa

Ma — ma / mo / mu

O — mo / ma / me

Li — mu / ma / mo

Ru — di / do / da

Ha — su / se / sa

Ni — ne / ni / na

Ra — bi / be / ba

6

7

Ich mag Fisch.

① Verbinde.

Ei

Brot

Limo

Salat

Salami

Banane

Tomate

Melone

8

② Welches Wort passt? Kreuze an.

☐ Tomate
☒ Torte

☐ Salat
☒ Salami

☒ Limo
☐ Lisa

☐ Ei
☒ Eis

☐ Banane
☒ Birne

☒ Melone
☐ Melanie

☒ Brezel
☐ Brei

☐ Boot
☒ Brot

9

③ Welche Silbe passt? Verbinde.

Sa
Su
So

Le
Li
Lo

He
Ha
Ho

Go
Ga
Gi

Ku
Ke
Ki

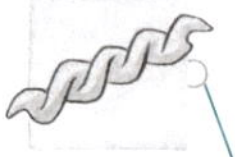

No
Ni
Nu

So
Su
Sa

Ca
Ce
Co

10

④ Verbinde die Silben zu Wörtern.

Bir
ni
ne
na

To
ma
me
mo
te

Erb
so
si
se

Ro
se
sa
si
ne

Gur
ke
ko
ku

Me
le
la
lo
ne

Kä
su
se
sa

A
ni
na
ne
nas

11

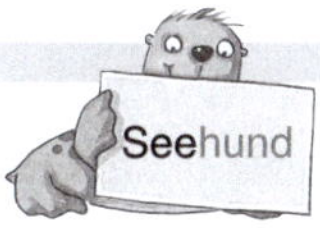

1 Verbinde.

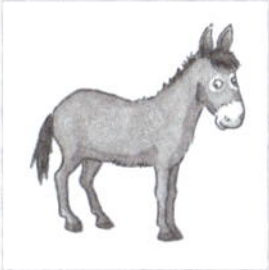

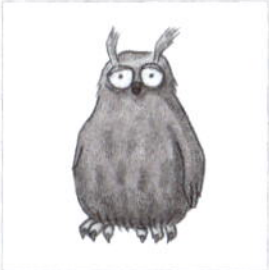

Seehund

Uhu
Ente
Esel
Lama 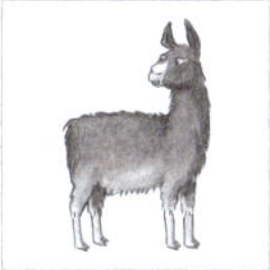 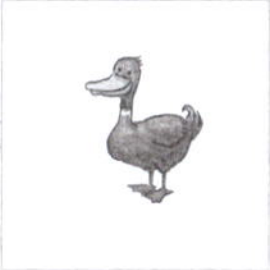 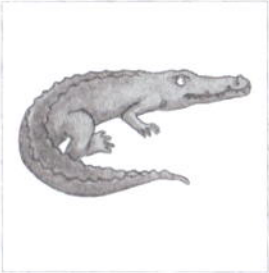 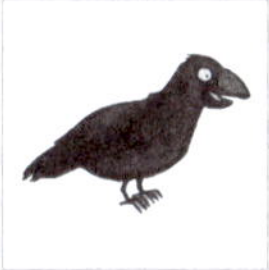
Hase
Rabe
Elefant
Krokodil

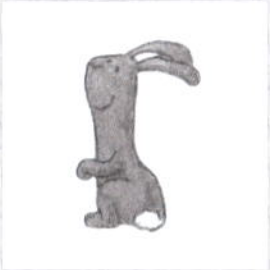

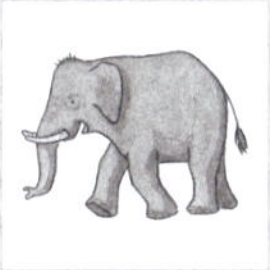

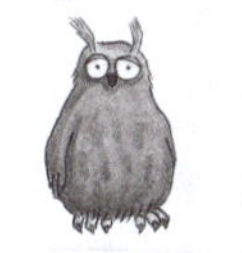

- ☐ Ufo
- ☒ Uhu
- ☐ Ufer

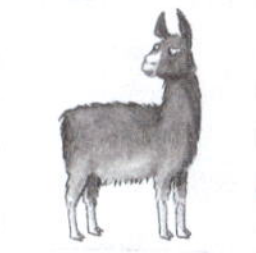

- ☐ Leon
- ☐ Limo
- ☒ Lama

- ☐ Hose
- ☒ Hase
- ☐ Hefe

- ☒ Esel
- ☐ Ente
- ☐ Elfe

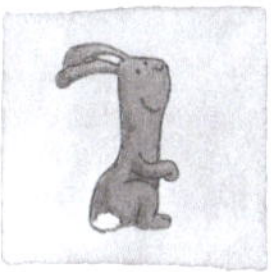

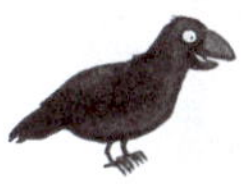

- ☐ Rebe
- ☐ Robe
- ☒ Rabe

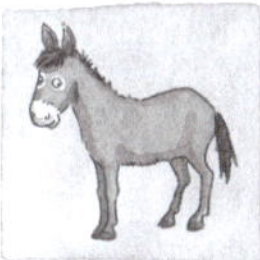

- ☐ Ende
- ☒ Ente
- ☐ Emu

- ☒ Krokodil
- ☐ Krokus
- ☐ Krake

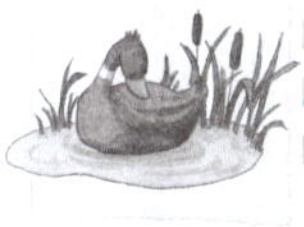

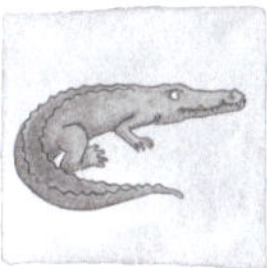

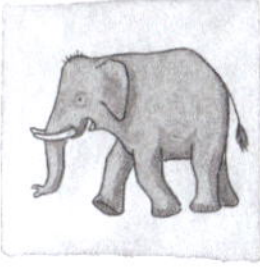

- ☐ Esel
- ☐ Eber
- ☒ Elefant

3 Welche Silbe fehlt?

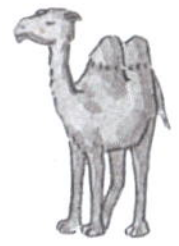

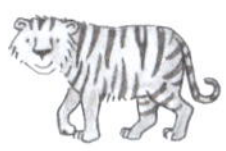

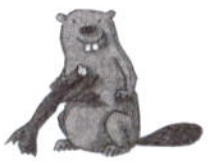

ber
ger
mel

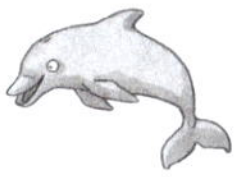

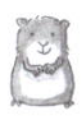

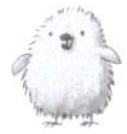

Kamel   Ti ger   Bi ber

ken
fin
ter

Del fin   Hams ter   Kü ken

li
pa
bel

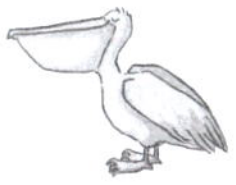

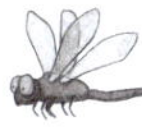

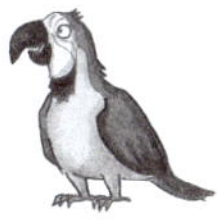

Pe li kan   Li bel le   Pa pa gei

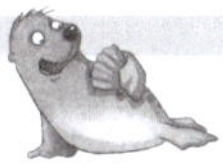

4 Verbinde die Silben zu Wörtern.

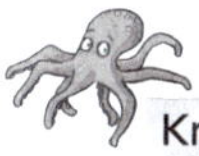

Kra
ke
ko
ku

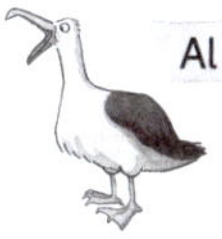

Al
ba
be   tros
bi

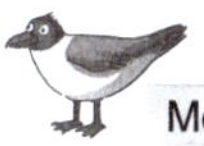

Mö
wi
we
wo

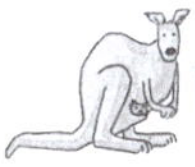

Kän
ga
gi   ru
gu

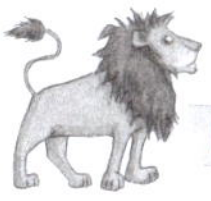

Lö
wo
wi
we

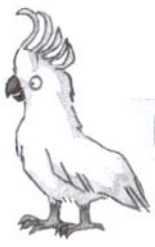

Ka
ke
ko   du
ka

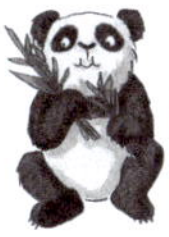

Pan
da
di
do

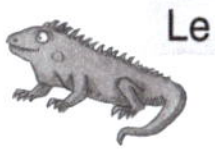

Le
ge
gu — an
ga

① Verbinde.

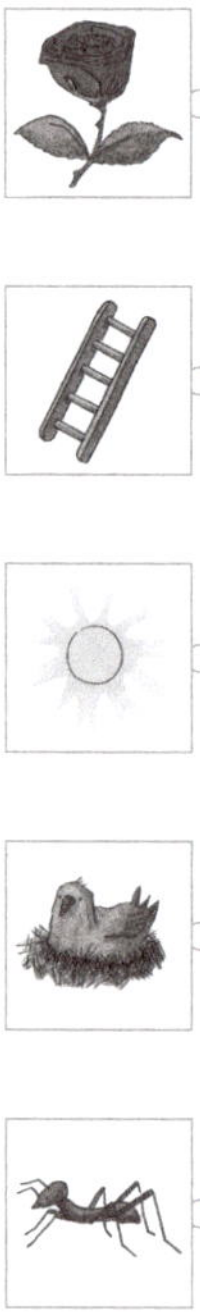

Rose — Rose
Leiter — Tulpe
Teich
Tulpe

Wiese
Sonne — Sonne
Tanne — Tanne

Ameise
Vogelnest
Gartenhaus — Gartenhaus

16

② Welches Wort passt? Kreuze an.

☐ Rose
☒ Rasen
☐ Rabe

☐ Tante
☐ Tanne
☒ Tonne

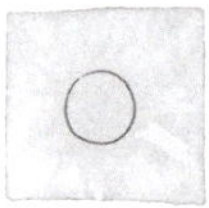

☐ Sofa
☒ Sonne
☐ Sofie

☐ Wiege
☐ Wiesel
☒ Wiese

☐ Tulpe
☐ Tinte
☒ Taube

☐ Ampel
☒ Amsel
☐ Ameise

☐ Schaufel
☐ Schraube
☒ Schaukel

☐ Karotte
☒ Kartoffel
☐ Kamille

☐ Gartenhaus
☒ Gartenzwerg
☐ Gartentor

☐ Vogelei
☐ Vogelnest
☒ Vogelhaus

17

③ Welche Silbe fehlt?

ne
be
se

Wie se   Tan ne   Tau be

fer
mer
fel

Ei mer   Schau fel   Kä fer

ro
gel
mei

A mei se   Vo gel ei   See ro se

Rau
Blu
l

Blu me   I gel   Rau pe

18

④ Was ist auf den Bildern zu sehen? Kreuze an.

☒ ein Sonnenhut
☐ ein Eimer
☒ ein Baumhaus
☐ ein Regenwurm

☒ ein Brunnen
☒ ein Gartentor
☐ eine Schwalbe
☒ ein Spaten

⑤ Male.

rot rot rot

gelb

drei rote Tulpen    ein gelber Sonnenschirm

19

① Verbinde.

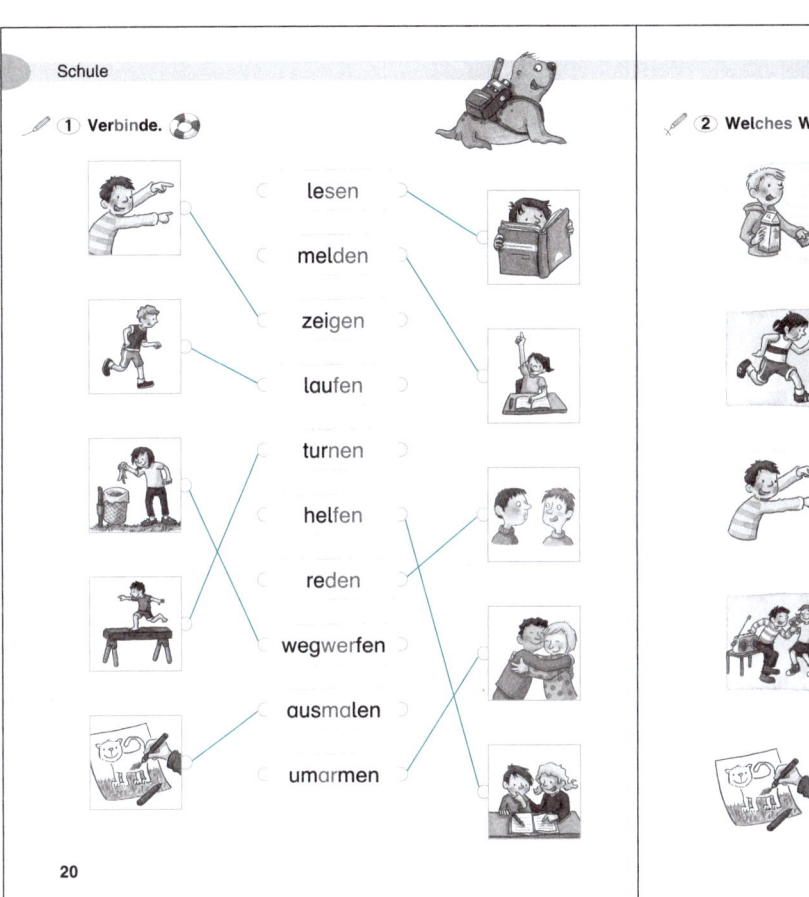

lesen

melden

zeigen

laufen

turnen

helfen

reden

wegwerfen

ausmalen

umarmen

---

② Welches Wort passt? Kreuze an.

- ☐ laufen
- ☒ kaufen
- ☐ kauen

- ☐ halten
- ☒ helfen
- ☐ heizen

- ☒ rennen
- ☐ regnen
- ☐ reden

- ☐ legen
- ☐ leben
- ☒ lesen

- ☐ ziehen
- ☒ zeigen
- ☐ zelten

- ☒ malen
- ☐ maulen
- ☐ melden

- ☐ turnen
- ☐ teilen
- ☒ tanzen

- ☐ umbinden
- ☒ umarmen
- ☐ umwerfen

- ☐ ausgehen
- ☐ auslegen
- ☒ ausmalen

- ☒ wegwerfen
- ☐ weggehen
- ☐ weglaufen

---

③ Welche Silbe fehlt?

gen
keln
sen

es**sen**   fe**gen**   schau**keln**

wor
stei
hö

zu**hö**ren   ant**wor**ten   ein**stei**gen

la
ho
war

holen   **war**ten   **la**chen

mes
kle
ren

ren**nen**   **kle**ben   mes**sen**

---

④ Was tun die Kinder? Kreuze an.

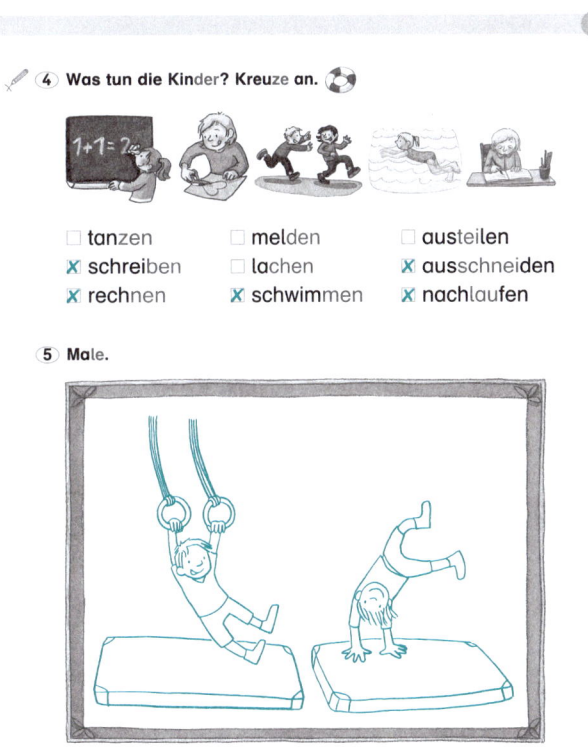

- ☐ tanzen
- ☒ schreiben
- ☒ rechnen

- ☐ melden
- ☐ lachen
- ☒ schwimmen

- ☐ austeilen
- ☒ ausschneiden
- ☒ nachlaufen

⑤ Male.

Nina und Anton turnen.

1 Schreibe die Nummern in das Bild.

❶	Baum	❼	Polizist
❷	Bus	❽	Zebrastreifen
❸	Auto	❾	Supermarkt
❹	Ampel	❿	Postamt
❺	Laterne	⓫	Schule
❻	Haus	⓬	Lastwagen

24

2 Welches Wort passt nicht zu den anderen Wörtern?

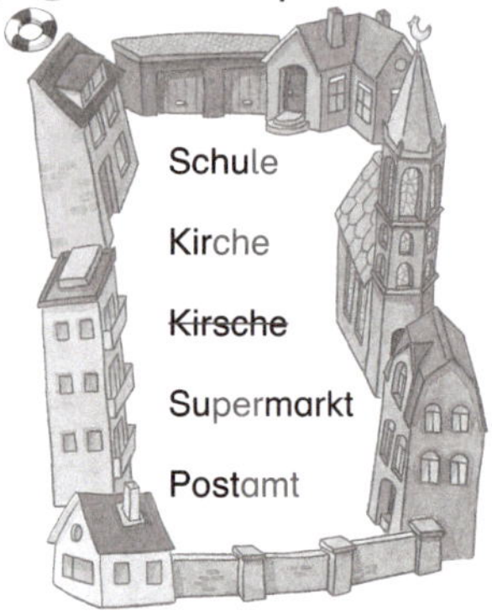

Schule
Kirche
~~Kirsche~~
Supermarkt
Postamt

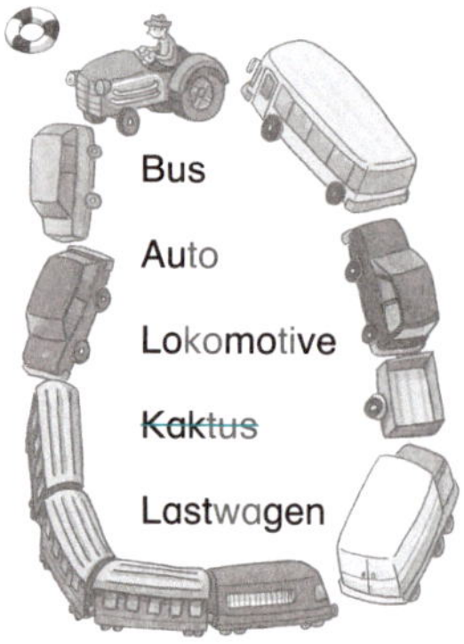

Bus
Auto
Lokomotive
~~Kaktus~~
Lastwagen

Polizist
~~Ofen~~
Postbote
Schulkind
Bauarbeiter

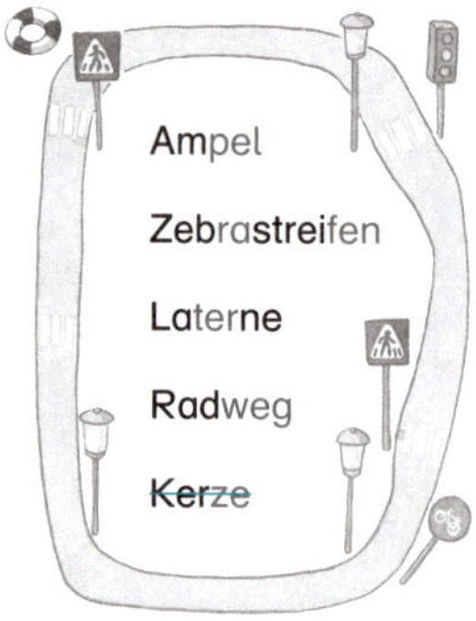

Ampel
Zebrastreifen
Laterne
Radweg
~~Kerze~~

25

---

3 Bilde aus den Silben Wörter.

Am — pel
Au — to
Kir — che
Ki — no

Po — li — te
Müll — bo — zei
Post — ei — mer

4 Schreibe die Wörter.

B, m, au → **Baum**

e, u, l, Sch → **Schule**

e, au, b, T → **Taube**

n, a, e, L, d → **Laden**

5 Male.

ein lila Auto

ein blauer Bus

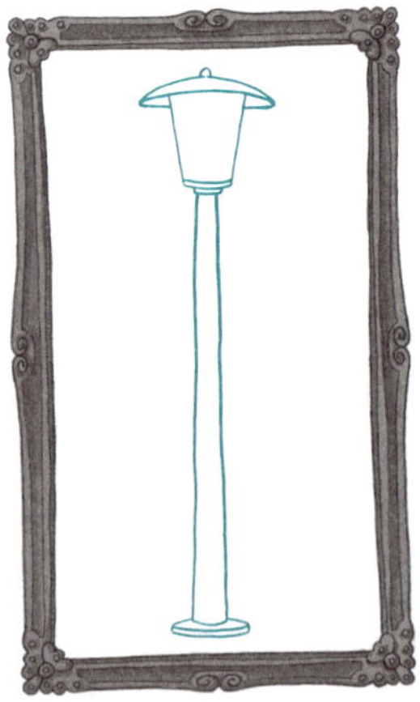

eine rote Ampel

eine Laterne

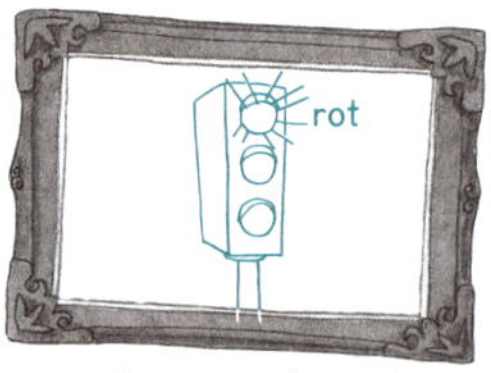

ein gelber Briefkasten

26

27

1 Legespiel: Tiere

Schneide alle Karten aus. Finde zu jedem Bild die passenden Silben.

Ka	ger	te	gei
Ti	le	pa	dil
En	Del	fant	Kro
mel	le	Li	fin
bel	ko	Pa	E

1 Legespiel: Garten

Schneide alle Karten aus. Finde zu jedem Bild die passenden Silben.

Vo	kel	A	nen
Kä	Rau	tor	Tan
se	ten	fer	Gar
gel	mei	Son	ei
ne	pe	Schau	hut

① **Schreibe die Nummern in das Bild.**

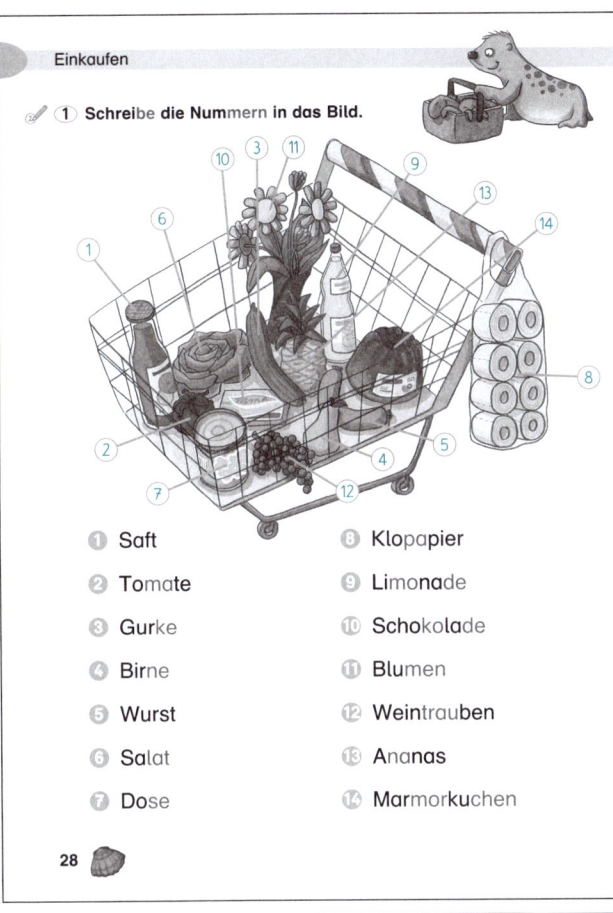

❶ Saft   ❽ Klopapier

❷ Tomate   ❾ Limonade

❸ Gurke   ❿ Schokolade

❹ Birne   ⓫ Blumen

❺ Wurst   ⓬ Weintrauben

❻ Salat   ⓭ Ananas

❼ Dose   ⓮ Marmorkuchen

② **Welches Wort passt nicht zu den anderen Wörtern?**

Limonade
~~Dose~~
Saft
Milch
Tee

Tisch
Lampe
~~Lama~~
Sofa
Regal

Banane
~~Klopapier~~
Melone
Kirsche
Ananas

Salat
Tomate
Gurke
~~Tüte~~
Paprika

Hose
~~Gabel~~
Bluse
Schuhe
Unterhemd

Rose
Nelke
Tulpe
~~Schokolade~~
Krokus

③ **Bilde aus den Silben Wörter.**

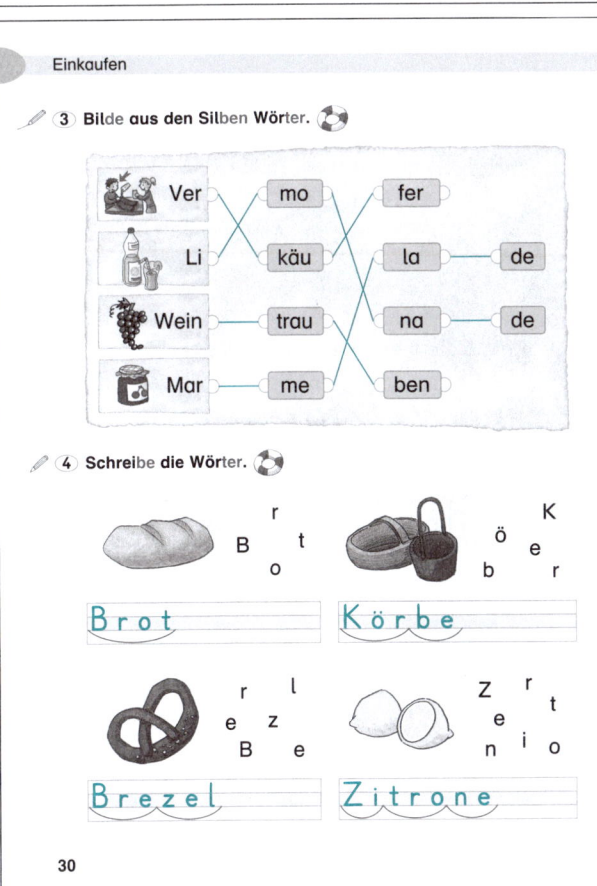

Ver — mo — fer
Li — käu — la — de
Wein — trau — na — de
Mar — me — ben

④ **Schreibe die Wörter.**

B r o ö t → **Brot**

K ö e b r → **Körbe**

r l e z B e → **Brezel**

Z r e t n i o → **Zitrone**

⑤ **Male.**

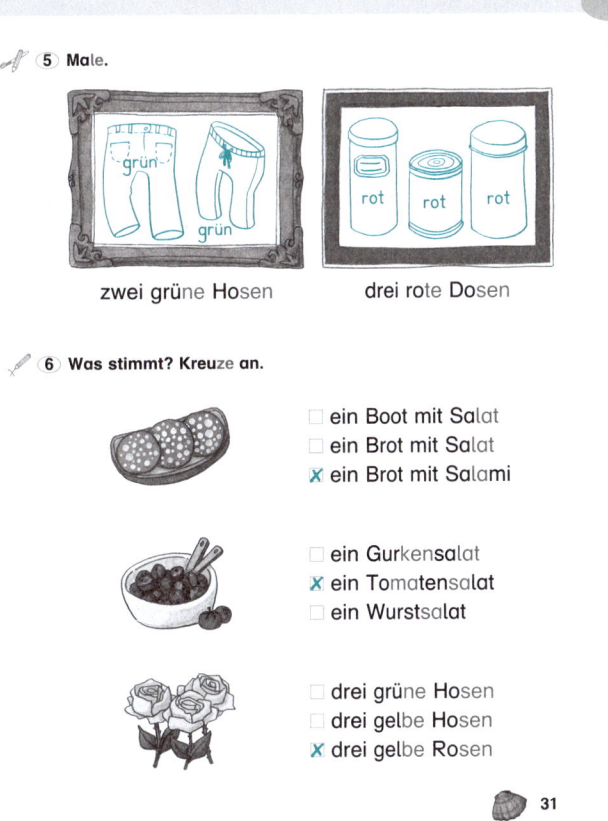

grün / grün   rot rot rot

zwei grüne Hosen   drei rote Dosen

⑥ **Was stimmt? Kreuze an.**

☐ ein Boot mit Salat
☐ ein Brot mit Salat
☒ ein Brot mit Salami

☐ ein Gurkensalat
☒ ein Tomatensalat
☐ ein Wurstsalat

☐ drei grüne Hosen
☐ drei gelbe Hosen
☒ drei gelbe Rosen

✎ (1) **Schreibe die Nummern in das Bild.**

① Zelt   ⑦ Kamel

② Tiger   ⑧ Akrobaten

③ Kasse   ⑨ Zuschauer

④ Löwe   ⑩ Seiltänzer

⑤ Elefant   ⑪ Käfigwagen

⑥ Zauberer   ⑫ Zirkusdirektor

32

(2) **Welches Wort passt nicht zu den anderen Wörtern?**

Tiger
Löwe
Kamel
Zirkuszelt
Elefant

Seiltänzer
Musik
Zuschauer
Zauberer
Akrobat

Krokodil
Kapelle
Trommel
Pauke
Trompete

Trampolin
Keule
Ansage
Bälle
Reifen

Kakadu
Kostüm
Jaguar
Papagei
Affe

Zirkusdirektor
Kinder
Leute
Käfigwagen
Bauchredner

33

✎ (3) **Bilde aus den Silben Wörter.**

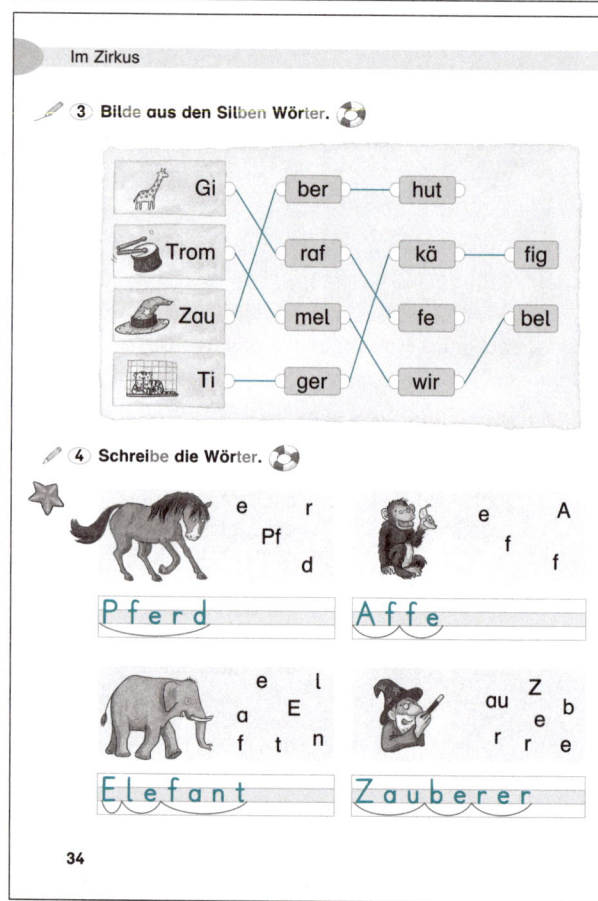

Gi — ber — hut
Trom — raf — kä — fig
Zau — mel — fe — bel
Ti — ger — wir

✎ (4) **Schreibe die Wörter.**

Pferd

Affe

Elefant

Zauberer

34

✎ (5) **Male.**

ein Elefant mit Hut   ein Tiger mit Halsband

✎ (6) **Was stimmt? Kreuze an.**

☐ ein Esel mit Leiter
☒ ein Esel mit Reiter
☐ ein Pferd mit Reiter

☐ ein rosa Zirkuszelt
☐ ein rosa Zirkusdirektor
☒ ein roter Zirkuswagen

☐ ein Kamel im Käfigwagen
☒ ein Löwe im Käfigwagen
☐ ein Tiger im Käfigwagen

35

1 Welcher Satz passt? Kreuze an.

☐ Der Hund turnt.
☒ Der Hund tobt.

☒ Seehund Rudi rudert.
☐ Seehund Rudi reitet.

☐ Der Käfer ist rosa.
☒ Der Käfer ist rot.

☐ Die Amsel hat Fell.
☒ Die Amsel hat Federn.

☒ Der Hase mag Salat.
☐ Der Hase mag Salami.

36

---

1 Verbinde zu einem Satz.

Anton malt ein ...   ... Sofa.
Rita malt ein ...   ... Auto.
Elsa malt ein ...   ... Telefon.

Nina malt eine ...   ... Mandarine.
Tina malt eine ...   ... Melone.
Timo malt eine ...   ... Banane.

Lukas malt einen ...   ... Esel.
Lilo malt einen ...   ... Tiger.
Anna malt einen ...   ... Uhu.

37

---

1 Was passt?

rennt   malt   schauen   liest   redet

Papa **liest** ein Buch .

Nina **malt** ein Bild.

Mama **redet** mit Oma.

Opa und Timo **schauen** Fotos an.

Der Hase **rennt** im Zimmer umher.

38

---

1 Welcher Satz passt? Kreuze an.

☐ Mona malt eine Amsel.
☒ Mona malt eine Ampel.

☒ Auf dem Sofa ist Mama.
☐ Auf dem Sofa ist Nino.

☐ Anna und Lisa fegen.
☒ Anton und Leon lesen.

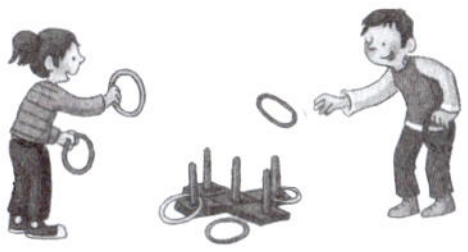

☒ Die Kinder werfen.
☐ Die Kinder warten.

☐ Anita umarmt Lisa.
☒ Andi umarmt Papa.

☒ Rudi findet eine Muschel.
☐ Rudi findet eine Feder.

39

Sätze beenden

✏ ① **Verbinde zu einem Satz.**

Das Flugzeug wird ... ○——○ ... im Flugzeug.

Der Pilot ist ... ○——○ ... einen Koffer.

Eine Frau hat ... ○——○ ... bald fliegen.

Aus einem Bus kommen ... ○——○ ... über eine Bahn.

Ein Kind summt ... ○——○ ... viele Leute.

Ein Flugzeug rollt ... ○——○ ... ein Lied.

Ein Polizist hilft ... ○——○ ... einen Saft.

An der Wand ist ... ○——○ ... ein Plakat.

Ein Kind will ... ○——○ ... einer alten Dame.

40

Sätze ergänzen

✏ ① **Was passt?**

hören   laufen   sehen   sind   wartet

Anton und Lisa **laufen** zum Zirkus.

Der Zirkusdirektor **wartet** vor dem Zelt.

Es **sind** viele Zuschauer da.

Sie **hôren** einen Tiger laut brüllen.

Im Käfigwagen **sehen** sie einen Löwen.

ZIRKUS

ROAR

41

Frage und Antwort

✏ ① **Verbinde die Fragen mit den richtigen Antworten.**

Wer ist Rudi? ○——○ Er liegt am Strand.

Was tut Rudi? ○——○ Er ist grau.

Was frisst Rudi? ○——○ Er ist ein Seehund.

Welche Farbe hat Rudi? ○——○ Er frisst Fische.

Wie alt ist Rudi? ○——○ Er kann gut schwimmen.

Wie lang taucht Rudi? ○——○ Er taucht drei Minuten.

Was kann Rudi gut? ○——○ Er ist zwei Jahre alt.

Was kann Rudi nicht? ○——○ Er kann nicht fliegen.

42

In der Schule

Die Kinder malen Tiere.
Aber was ist da los?
Lisa malt einen roten Esel.
Ali malt ein gelbes Krokodil.
Einen lila Wal malt Anton.
Und was malt Tina?
Tina malt einen grünen Pudel.

✏ ① **Lies und male das Bild fertig.**

LISA   rot   gelb   grün   lila

ALI   Tina   Anton

43

Im Park

Lena ist mit Tante Rosa im Park.
Dort sehen sie Enten.
Die Enten fressen Brot.
Da sind rote und gelbe Tulpen im Gras.
Es ist grau und kalt.
Aber Lena hat einen warmen Mantel an.

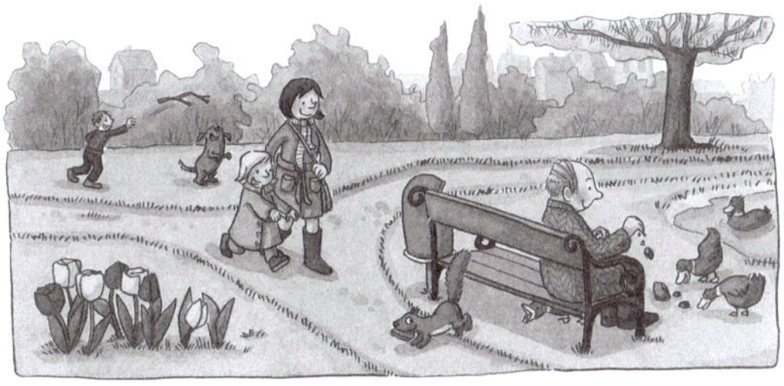

① **Kreuze an.**

Mit wem ist Lena im Park?

☐ Tante Lila ☒ Tante Rosa ☐ Tante Rita

Welche Farben haben die Tulpen?

☐ rot und lila ☐ rosa und gelb ☒ rot und gelb

Wie ist das Wetter?

☐ grün und kalt ☒ grau und kalt ☐ grau und warm

Im Garten

Lisa und Tobi sind im Garten.
Sie haben einen kleinen Hasen.
Sein Name ist Poldi.
Er hat eine rosa Nase.
Die Kinder geben Poldi Salat und Brot.
Da ruft Oma.
Oma hat Eis für Lisa und Tobi.

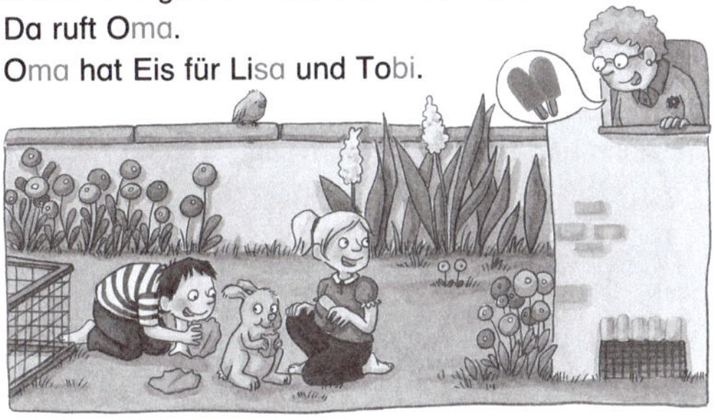

① **Beantworte die Fragen.**

Wo sind Lisa und Tobi?

im Garten

Was haben die Kinder?

einen kleinen Hasen

Wer ruft?

Oma

Badetag

Das Wetter ist schön.
Die Sonne scheint.
Nur eine Wolke ist
am Himmel zu sehen.
Rudi badet im Wasser.
Er hat einen roten Ball dabei.
Da sind drei gelbe Fische.
Auf dem Felsen ist eine Möwe
und schaut zu.

① **Lies und male das Bild fertig.**

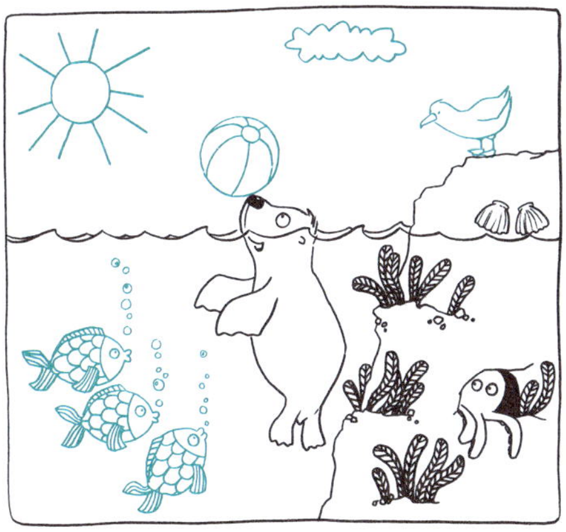

Rudi und die Möwe

Rudi ist in der Sonne.
Er ruht sich aus.
Seine Freunde liegen neben ihm.
Über ihm ist eine Möwe.
Aber Rudi hat die Augen zu.
Da fällt ihm etwas auf den Kopf.
Es ist weiß.
Rudi öffnet die Augen.
Die Möwe hat etwas Weißes fallen lassen.
Die freche Möwe!

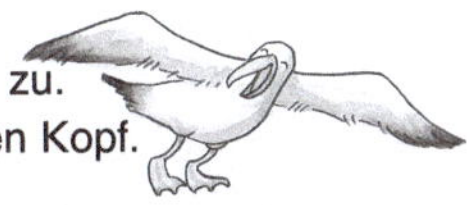

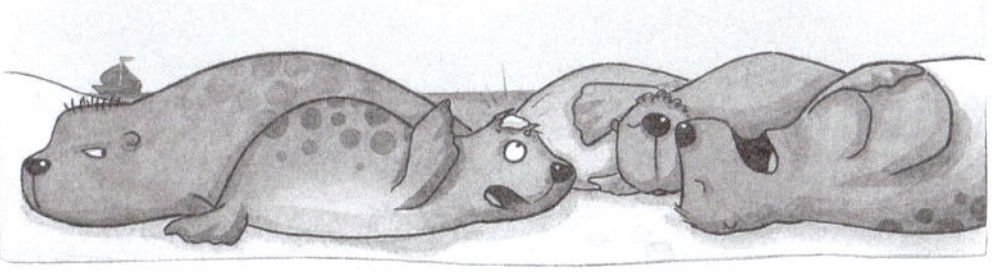

① **Kreuze an.**

Was tut Rudi?

☐ er schwimmt ☒ er ruht sich aus ☐ er liest

Wer lässt etwas Weißes auf Rudi fallen?

☐ ein Freund ☒ eine Möwe ☐ eine Taube

Was ist das Weiße?

☐ eine Feder ☐ eine Muschel ☒ ein Vogelschiss

Die Schule ist aus.
Anna und Opa warten an der Ampel.
Auf der anderen Seite ist Leon.
Er hat einen roten Ball im Arm.
Da ruft Anna: „Huhu, Leon!"
Leon rennt sofort los.
Auf einmal braust ein Auto heran.
Es kann gerade noch bremsen.
Anna und Leon umarmen sich.

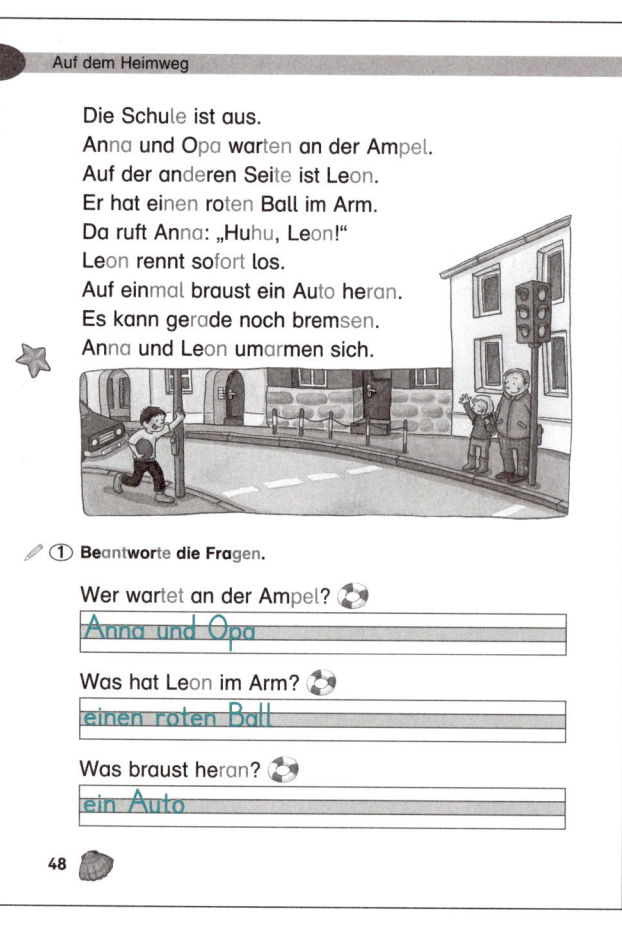

① **Beantworte die Fragen.**

Wer wartet an der Ampel?

Anna und Opa

Was hat Leon im Arm?

einen roten Ball

Was braust heran?

ein Auto

48

2 Welches Wort passt nicht zu den anderen Wörtern?

Schule

Kirche

~~Kirsche~~

Supermarkt

Postamt

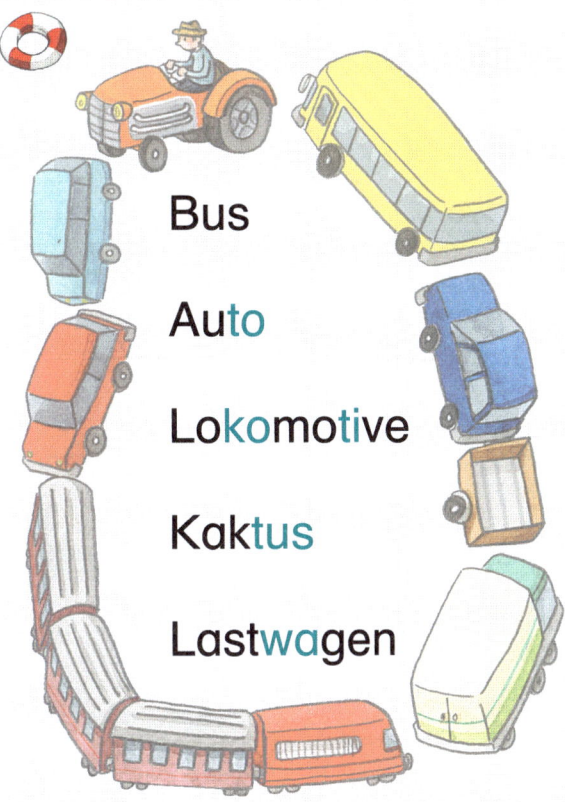

Bus

Auto

Lokomotive

Kaktus

Lastwagen

Polizist

Ofen

Postbote

Schulkind

Bauarbeiter

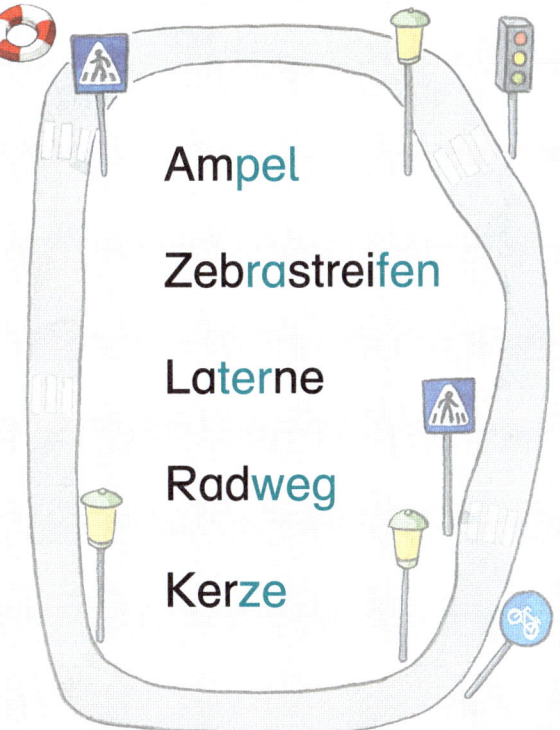

Ampel

Zebrastreifen

Laterne

Radweg

Kerze

3 **Bilde aus den Silben Wörter.**

Am — no
Au — pel
Kir — to
Ki — che

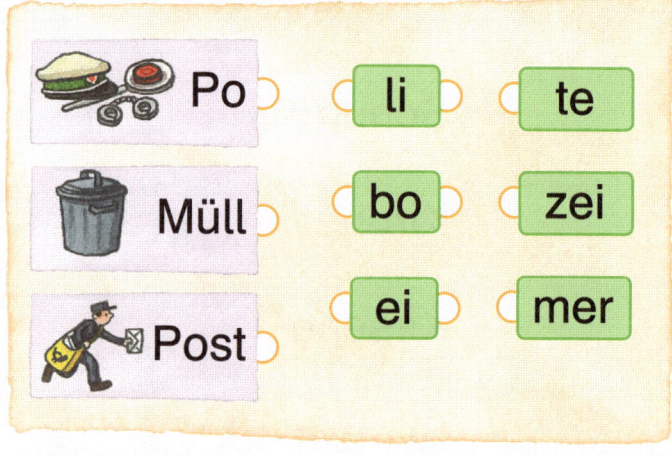

Po — li — te
Müll — bo — zei
Post — ei — mer

 4 **Schreibe die Wörter.**

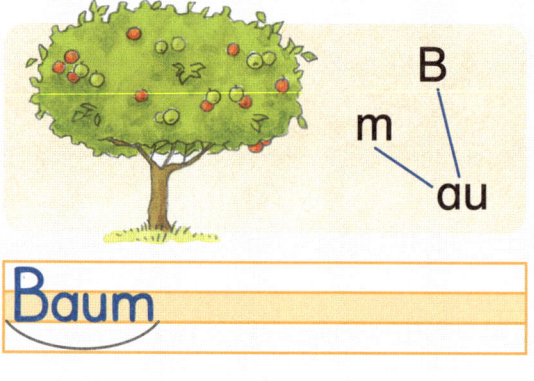

B
m
au

Baum

u
e
l
Sch

au
e
b
T

n   a
e   L
d

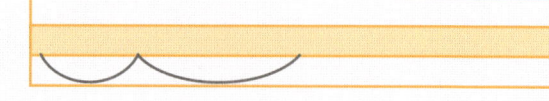

 **5** **Male.**

ein lila Auto

ein blauer Bus

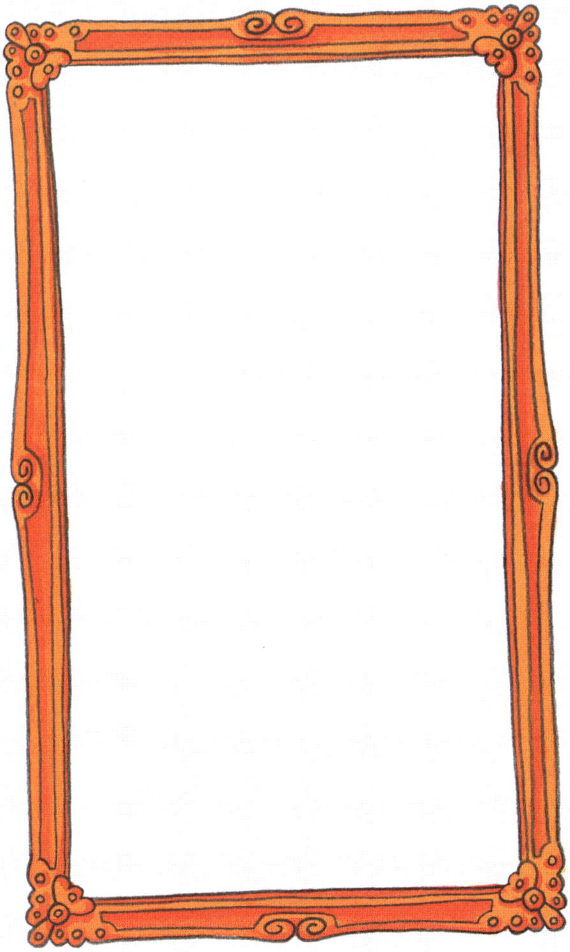

eine rote Ampel

eine Laterne

ein gelber Briefkasten

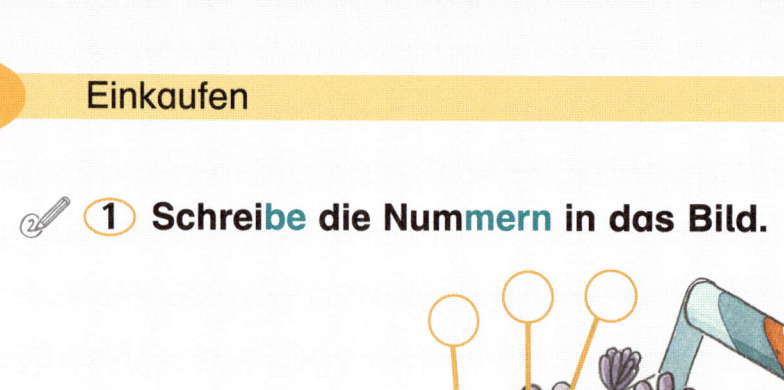

1 **Schreibe die Nummern in das Bild.**

1 Saft		**8** Klopapier	
2 Tomate		**9** Limonade	
3 Gurke		**10** Schokolade	
4 Birne		**11** Blumen	
5 Wurst		**12** Weintrauben	
6 Salat		**13** Ananas	
7 Dose		**14** Marmorkuchen	

2 Welches Wort passt nicht zu den anderen Wörtern?

Limonade
Dose
Saft
Milch
Tee

Tisch
Lampe
Lama
Sofa
Regal

Banane
Klopapier
Melone
Kirsche
Ananas

Salat
Tomate
Gurke
Tüte
Paprika

Hose
Gabel
Bluse
Schuhe
Unterhemd

Rose
Nelke
Tulpe
Schokolade
Krokus

3 **Bilde aus den Silben Wörter.**

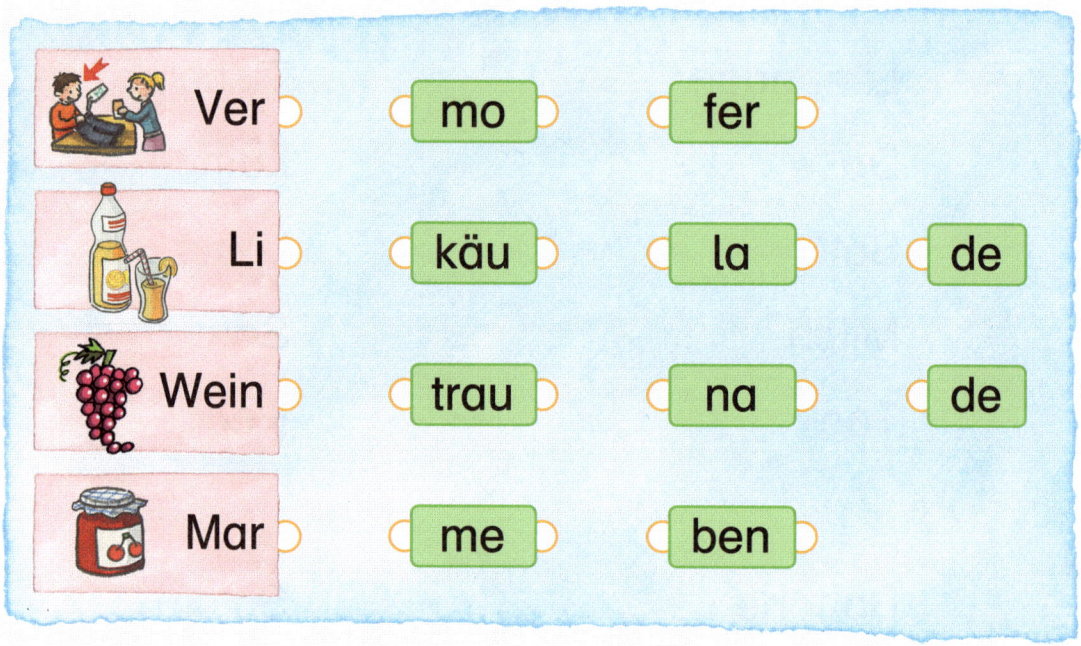

Ver	mo	fer	
Li	käu	la	de
Wein	trau	na	de
Mar	me	ben	

 4 **Schreibe die Wörter.**

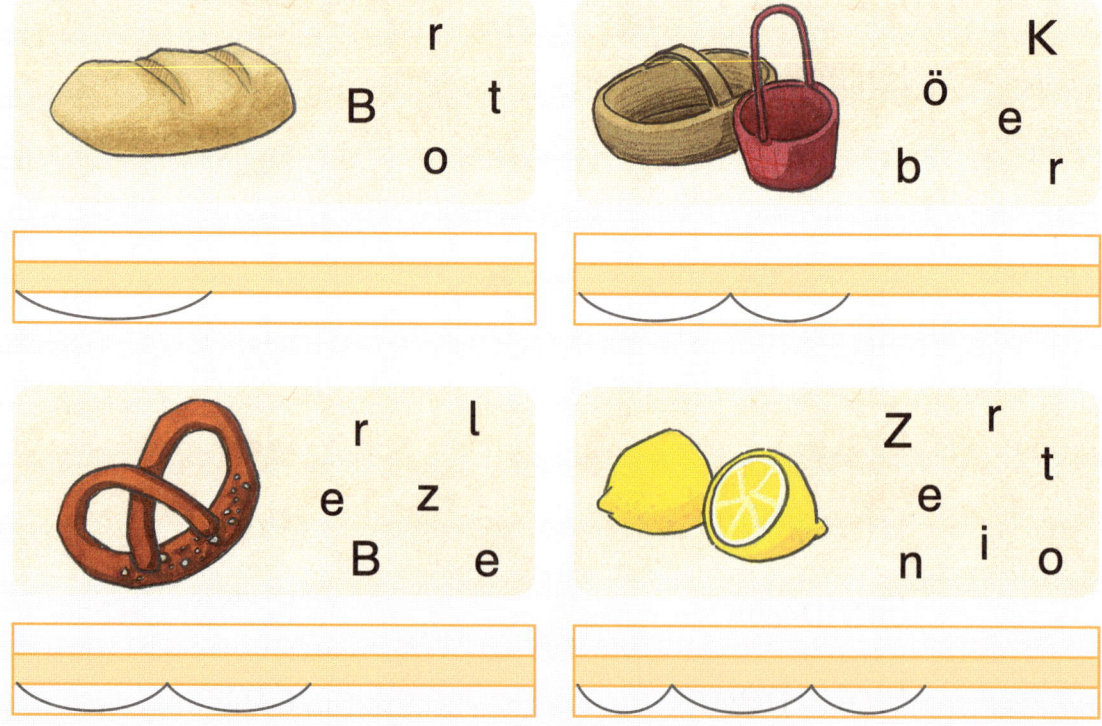

B r t o

K ö e b r

r l e z B e

Z r t e i n o

5 **Male.**

zwei grüne Hosen   drei rote Dosen

 6 **Was stimmt? Kreuze an.**

☐ ein Boot mit Salat
☐ ein Brot mit Salat
☐ ein Brot mit Salami

☐ ein Gurkensalat
☐ ein Tomatensalat
☐ ein Wurstsalat

☐ drei grüne Hosen
☐ drei gelbe Hosen
☐ drei gelbe Rosen

1 **Schreibe die Nummern in das Bild.**

1 Zelt	**7** Kamel
2 Tiger	**8** Akrobaten
3 Kasse	**9** Zuschauer
4 Löwe	**10** Seiltänzer
5 Elefant	**11** Käfigwagen
6 Zauberer	**12** Zirkusdirektor

2 **Welches Wort passt nicht zu den anderen Wörtern?**

Tiger
Löwe
Kamel
Zirkuszelt
Elefant

Seiltänzer
Musik
Zuschauer
Zauberer
Akrobat

Krokodil
Kapelle
Trommel
Pauke
Trompete

Trampolin
Keule
Ansage
Bälle
Reifen

Kakadu
Kostüm
Jaguar
Papagei
Affe

Zirkusdirektor
Kinder
Leute
Käfigwagen
Bauchredner

3 **Bilde aus den Silben Wörter.**

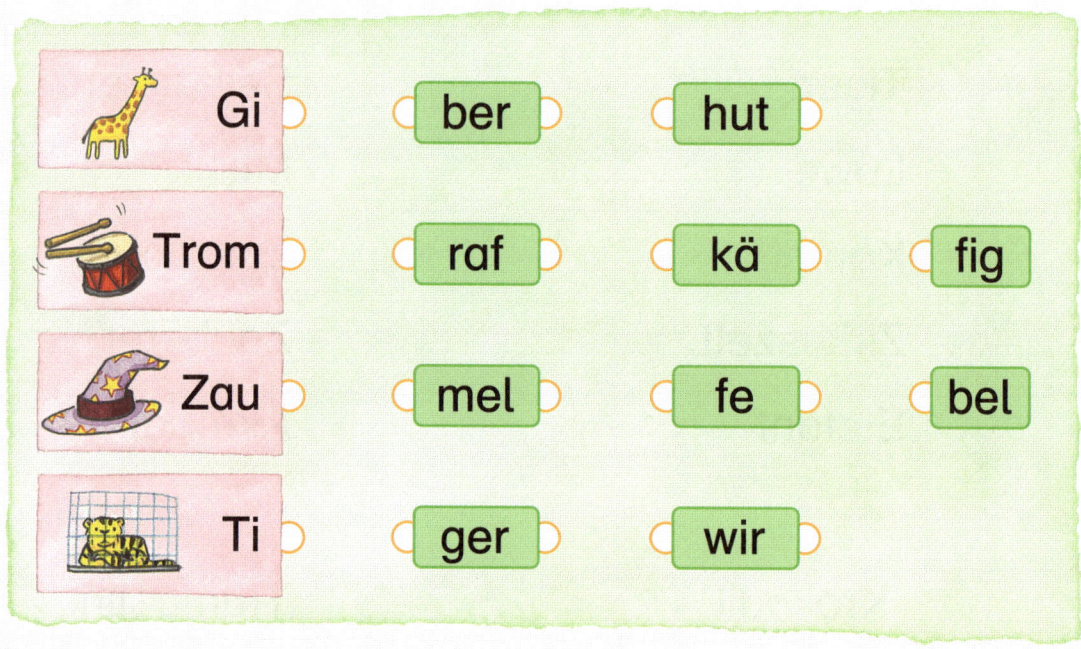

Gi	ber	hut
Trom	raf	kä	fig
Zau	mel	fe	bel
Ti	ger	wir

4 **Schreibe die Wörter.**

✏ **5** **Male.**

ein Elefant mit Hut   ein Tiger mit Halsband

✏ **6** **Was stimmt? Kreuze an.**

☐ ein Esel mit Leiter
☐ ein Esel mit Reiter
☐ ein Pferd mit Reiter

☐ ein rosa Zirkuszelt
☐ ein rosa Zirkusdirektor
☐ ein roter Zirkuswagen

☐ ein Kamel im Käfigwagen
☐ ein Löwe im Käfigwagen
☐ ein Tiger im Käfigwagen

① **Welcher Satz passt? Kreuze an.**

☐ Der Hund turnt.
☒ Der Hund tobt.

☐ Seehund Rudi rudert.
☐ Seehund Rudi reitet.

☐ Der Käfer ist rosa.
☐ Der Käfer ist rot.

☐ Die Amsel hat Fell.
☐ Die Amsel hat Federn.

☐ Der Hase mag Salat.
☐ Der Hase mag Salami.

1 **Verbinde zu einem Satz.**

Anton malt ein ...   ... Sofa.

Rita malt ein ...   ... Auto.

Elsa malt ein ...   ... Telefon.

Nina malt eine ...   ... Mandarine.

Tina malt eine ...   ... Melone.

Timo malt eine ...   ... Banane.

Lukas malt einen ...   ... Esel.

Lilo malt einen ...   ... Tiger.

Anna malt einen ...   ... Uhu.

1 **Was passt?**

rennt   malt   schau**en**   ~~liest~~   re**det**

Pa**pa** liest ein Buch .

Ni**na** ein Bild.

Ma**ma** mit O**ma**.

O**pa** und Ti**mo** Fotos **an**.

Der Ha**se** im Zim**mer** um**her**.

1 **Welcher Satz passt? Kreuze an.**

☐ Mona malt eine Amsel.
☐ Mona malt eine Ampel.

☐ Auf dem Sofa ist Mama.
☐ Auf dem Sofa ist Nino.

☐ Anna und Lisa fegen.
☐ Anton und Leon lesen.

☐ Die Kinder werfen.
☐ Die Kinder warten.

☐ Anita umarmt Lisa.
☐ Andi umarmt Papa.

☐ Rudi findet eine Muschel.
☐ Rudi findet eine Feder.

1 **Verbinde zu einem Satz.**

Das Flugzeug wird ...

... im Flugzeug.

Der Pilot ist ...

... einen Koffer.

Eine Frau hat ...

... bald fliegen.

Aus einem Bus kommen ...

... über eine Bahn.

Ein Kind summt ...

... viele Leute.

Ein Flugzeug rollt ...

... ein Lied.

Ein Polizist hilft ...

... einen Saft.

An der Wand ist ...

... ein Plakat.

Ein Kind will ...

... einer alten Dame.

1 Was passt?

hören   laufen   sehen   sind   wartet

Anton und Lisa _____ zum Zirkus.

Der Zirkusdirektor _____ vor dem Zelt.

Es _____ viele Zuschauer da.

Sie _____ einen Tiger laut brüllen.

Im Käfigwagen _____ sie einen Löwen.

① **Verbinde die Fragen mit den richtigen Antworten.**

Wer ist Rudi? ○   ○ Er liegt am Strand.

Was tut Rudi? ○   ○ Er ist grau.

Was frisst Rudi? ○   ○ Er ist ein Seehund.

Welche Farbe
hat Rudi? ○   ○ Er frisst Fische.

Wie alt ist Rudi? ○   ○ Er kann gut
                                     schwimmen.

Wie lang
taucht Rudi? ○   ○ Er taucht
                                     drei Minuten.

Was kann
Rudi gut? ○   ○ Er ist zwei Jahre alt.

Was kann
Rudi nicht? ○   ○ Er kann nicht fliegen.

Die Kinder malen Tiere.

Aber was ist da los?

Lisa malt einen roten Esel.

Ali malt ein gelbes Krokodil.

Einen lila Wal malt Anton.

Und was malt Tina?

Tina malt einen grünen Pudel.

(1) Lies und male das Bild fertig.

Lena ist mit Tante Rosa im Park.
Dort sehen sie Enten.
Die Enten fressen Brot.
Da sind rote und gelbe Tulpen im Gras.
Es ist grau und kalt.
Aber Lena hat einen warmen Mantel an.

① **Kreuze an.**

Mit wem ist Lena im Park?
☐ Tante Lila ☐ Tante Rosa ☐ Tante Rita

Welche Farben haben die Tulpen?
☐ rot und lila ☐ rosa und gelb ☐ rot und gelb

Wie ist das Wetter?
☐ grün und kalt ☐ grau und kalt ☐ grau und warm

 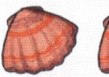

Lisa und Tobi sind im Garten.

Sie haben einen kleinen Hasen.

Sein Name ist Poldi.

Er hat eine rosa Nase.

Die Kinder geben Poldi Salat und Brot.

Da ruft Oma.

Oma hat Eis für Lisa und Tobi.

✎ ① **Beantworte die Fragen.**

Wo sind Lisa und Tobi?

Was haben die Kinder?

Wer ruft?

 45

Das Wetter ist schön.

Die Sonne scheint.

Nur eine Wolke ist

am Himmel zu sehen.

Rudi badet im Wasser.

Er hat einen roten Ball dabei.

Da sind drei gelbe Fische.

Auf dem Felsen ist eine Möwe

und schaut zu.

 ① **Lies und male das Bild fertig.**

Rudi ist in der Sonne.

Er ruht sich aus.

Seine Freunde liegen neben ihm.

Über ihm ist eine Möwe.

Aber Rudi hat die Augen zu.

Da fällt ihm etwas auf den Kopf.

Es ist weiß.

Rudi öffnet die Augen.

Die Möwe hat etwas Weißes fallen lassen.

Die freche Möwe!

① **Kreuze an.**

Was tut Rudi?

☐ er schwimmt   ☐ er ruht sich aus   ☐ er liest

Wer lässt etwas Weißes auf Rudi fallen?

☐ ein Freund   ☐ eine Möwe   ☐ eine Taube

Was ist das Weiße?

☐ eine Feder   ☐ eine Muschel   ☐ ein Vogelschiss

Die Schule ist aus.
Anna und Opa warten an der Ampel.
Auf der anderen Seite ist Leon.
Er hat einen roten Ball im Arm.
Da ruft Anna: „Huhu, Leon!"
Leon rennt sofort los.
Auf einmal braust ein Auto heran.
Es kann gerade noch bremsen.
Anna und Leon umarmen sich.

✏️ ① **Beantworte die Fragen.**

Wer wartet an der Ampel?

Was hat Leon im Arm?

Was braust heran?